Mirko Mieland

Legasthenie

Mirko Mieland

Legasthenie

**Ein Ratgeber für Eltern, Lehrer, Interessierte und...
Betroffene!**

Trainerverlag

Imprint
Any brand names and product names mentioned in this book are subject to trademark, brand or patent protection and are trademarks or registered trademarks of their respective holders. The use of brand names, product names, common names, trade names, product descriptions etc. even without a particular marking in this work is in no way to be construed to mean that such names may be regarded as unrestricted in respect of trademark and brand protection legislation and could thus be used by anyone.

Cover image: www.ingimage.com

Publisher:
Der Trainerverlag
is a trademark of
International Book Market Service Ltd., member of OmniScriptum Publishing Group
17 Meldrum Street, Beau Bassin 71504, Mauritius

Printed at: see last page
ISBN: 978-620-2-49470-0

Mirko Mieland

Legasthenie & Lese-Rechtschreib-Schwäche
Ein Ratgeber für Eltern, Lehrer, Interessierte und... Betroffene!

**Nicht der Beginn wird belohnt,
sondern einzig und allein das
Durchhalten.**

Katharina von Siena,
Beraterin damaliger Fürstenhäuser,
1347–1380

Inhaltsverzeichnis

1. Einleitung – „Hilfe, mein Kind kann nicht richtig schreiben und lesen!"

„Mein Kind kann nicht gut lesen."
„Meines kann nicht richtig schreiben."
„Ist das ein Zeichen für mangelnde Intelligenz?"
„Wenn ich nur wüsste, wie ich ihm helfen kann!"

Wenn Eltern feststellen, dass ihr Kind Probleme in den Bereichen Schreiben und Lesen hat, scheint eine Welt zusammen zu brechen und sie wissen vorerst keinen Rat. „Wie kann das nur sein, was haben wir falsch gemacht?" – diese Gedanken quälen oftmals…

Gespräche mit den Lehrer/innen sind die ersten Schritte, die unternommen werden. Schulische Fördermaßnahmen sind jedoch nicht ausreichend. Auf der Suche nach einem hilfreichen außerschulischen Angebot stoßen Eltern an Grenzen. Die Palette der Anbieter scheint breit gefächert. Manche Entscheidung für einen „Leistungsanbieter" wird vorschnell getroffen, denn welches Elternteil wünscht sich nicht eine sofortige Förderung? Aber hier ist Obacht geboten, denn es tummeln sich auch in diesem Bereich viele Anbieter, die sich mit der Thematik nur unzureichend auskennen und es eher auf das „schnelle Geld" abgesehen haben.

Vielfältig sowie wenig überschaubar sind auch die gesetzlichen Regelungen: In jedem Bundesland kommen andere zum Tragen.

Dieser Elternratgeber soll Ihnen Ihre Fragen bezüglich Legasthenie und LRS beantworten und Fördermöglichkeiten beleuchten, mit deren Hilfe Ihr Kind wieder Spaß am Lernen und an der Schule bekommt.

1.1 Vorwort zur 2. Auflage

Die 2. Auflage wurde grundlegend überarbeitet und um mehrere Kategorien erweitert. Im Anhang erhalten Sie nun Kopiervorlagen und Checklisten, die Sie auf der Suche nach einem für Sie passenden Förderangebot unterstützen. Das Thema Legasthenie ist wird von unterschiedlichen Berufsgruppen behandelt und die Forschung ist noch längst nicht abgeschlossen. In der Förderung und Therapie spielt die pädagogisch-didaktische Herangehensweise unter Beachtung motivationaler Komponenten eine immer größere Rolle ein. Da die Förderangebote so unterschiedlich und oft von Betroffenen kaum durchschaubar sind, fällt es Eltern immer noch schwer, kompetente schulische oder außerschulische Hilfe für ihr Kind zu erhalten.

Mit dieser 2. Auflage möchten wir Sie auf Ihrem Weg unterstützen, Sie begleiten und Ihnen Tipps anbieten, damit Sie den für Ihr Kind optimalen Weg einschlagen können.

1.2 Über die Autoren

Mirko Mieland, Jahrgang 1984, Erzieher und Legasthenietrainer in Brandenburg an der Havel (Bereich Familienhilfe und Legasthenietraining).

„Zur Thematik Legasthenie gelangte ich während meiner Ausbildung zum Sozialpflegeassistenten und den damit verbundenen Praktika. Oftmals erlebte ich, wie gute Schüler Probleme in den Bereichen Schreiben und Lesen hatten. Da traditionelle Nachhilfe nicht zum Erfolg führte, suchte ich nach Weiterbildungsmöglichkeiten in den Bereichen Legasthenie und Dyskalkulie. Schnell fesselten mich diese Thematik und die persönlichen, gesellschaftlichen und rechtlichen Belange der Betroffenen und ihrer Familien. Seit 2005 engagiere ich mich im Dachverband Legasthenie Deutschland e. V., seit 2006 bin ich im Vorstand des Verbandes tätig."

Claudia Lynn Kollender, Jahrgang 1962. Legasthenietrainerin des Ersten Österreichischen Dachverbandes, Studium der Integrativen Lerntherapie an der TU Chemnitz, Praxis für Integrative Lerntherapie. Drei Kinder.

„Eigene leidvolle Erfahrungen im Zusammenhang mit der Legasthenie meines Sohnes
führten zu meinem Einsatz für Kinder mit
Lernstörungen. Die Zahl der ausbildungs-
unfähigen Schulabgänger ist mehr als
bedenklich. Die Negativentwicklung im
Bildungsbereich bedarf einer professionellen
Hilfestellung, die in Familie und Schule nicht
geleistet werden kann. Nur wenn es uns
gelingt, Kindern in ihrer Einzigartigkeit zu
begegnen, ihre Stärken zu erkennen und
individuell darauf aufzubauen, kann ein Wandel
stattfinden. Unsere kostbarsten Rohstoffe sind
nicht etwa Diamanten, Gold oder Erdöl, sondern
die jungen Menschen, die alle gleichermaßen
ein Recht auf Bildung haben sollten. Lesen und
schreiben sind unverzichtbare Grundvoraus-
setzungen für eine erfolgreiche Teilhabe am
kulturellen und gesellschaftlichen Leben. Das
Selbstwertgefühl eines Menschen hängt nicht
unerheblich davon ab, inwieweit diese
Kulturtechniken erfolgreich angewandt werden
können."

2. Praxisbeispiele – „Wie nimmt ein legasthenes Kind Symbole wahr?

Ein legasthenes Kind nimmt Buchstaben anders wahr als seine nicht-legasthenen Altersgenossen. Dies hat individuelle Konsequenzen in Bezug auf zu lesende Texte, wie Sie den nachfolgenden Beispielen entnehmen können.

Beispiel 1:

Verschwimmen der Buchstaben

Legasthene Kinder nehmen aufgrund ihrer differenzierten Wahrnehmung Texte anders wahr. Hier sind die Buchstaben verschwommen.

Legasthene Kinder nehmen aufgrund ihrer differenzierten Wahrnehmung Texte anders wahr. Hier sind die Buchstaben verschwommen.

Beispiel 2:

Fehlende Buchstaben

Legasthene Kiner nehmen aufgrund ihrer ifferenzieren Wahrnehmung exte anders wahr.

Hier fehlen einige Buchsaben. Meistens handelt es sich um b/p, d/t usw.

Beispiel 3:
Kontraste werden schwer wahrgenommen
Legasthene Kinder nehmen aufgrund ihrer differenzierten Wahrnehmung Texte anders wahr. Hier ist es für legasthene Kinder schwer, Kontraste wahrzunehmen.

Beispiel 4:
Die Leserichtung
Legasthene Kinder nehmen aufgrund ihrer differenzieren Wahrnehmung Texte anders wahr. Hier ist die Leserichtung anders.

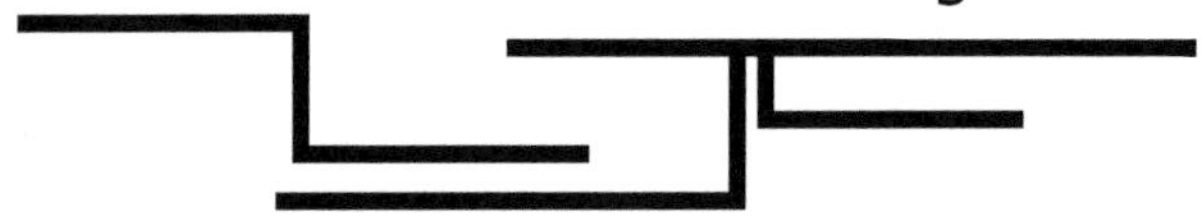

Hinweis
Augen und Ohren werden vor Beginn einer Fördermaßnahme untersucht und körperliche Ursachen der Lese- und Rechtschreibauffälligkeiten müssen ausgeschlossen werden.

Wie nimmt sich ein legasthenes Kind selber wahr?

Legasthene Kinder erleben im schulischen und familiären Umfeld in der Regel großes Leid. Lehrmethoden, die für andere Schüler/innen ausreichend sein mögen, sind für Legastheniker völlig ungeeignet. Den Leistungsanforderungen in den Bereichen des Lesens und/oder Schreibens können sie nicht gerecht werden, obwohl sie über eine mindestens durchschnittliche Intelligenz verfügen. Selbst mittelmäßige Schreib- und Leseerfolge erfordern einen unverhältnismäßig hohen Einsatz. Die erforderliche Anstrengung, die unendliche Mühe lassen das Interesse und die Motivation stetig sinken. Obwohl der Wille vorhanden ist, nimmt die Aufmerksamkeit in der Klassensituation schnell ab. Der Unterricht ermüdet, da das Abschreiben von der Tafel, das Lesen eines Textes so viel Energie erfordert. In der Folge gibt das Kind entweder viel zu früh auf und es resigniert, oder aber es wird zum Klassenkasper, unaufmerksam und zappelig.

Hier beginnt der Teufelskreis, die Abwärtsspirale dreht sich:

Das Kind nimmt sich selber als „dumm" und „unbegabt" wahr: „Ich kann nicht das leisten, was andere Kinder doch so leicht aus dem Ärmel schütteln! Mit mir stimmt etwas nicht. Ich bin falsch und gehöre nicht dazu."

Da es nun den Anforderungen seitens der Schule und des Elternhauses nicht mehr nachkommen kann, verschließt es sich mehr und mehr. Nicht selten sind dann Symptome, wie zum Beispiel Ängste, Unwohlsein, Magenschmerzen, Clownerei o. Ä. zu beobachten. Oft wird deren Verbindung zu den Problemen in den Bereichen des Schreibens und Lesens nicht erkannt.

Unterbewusst läuft die Suche nach Anerkennung ab: „Dann bin ich lieber der Klassenclown, anstatt derjenige zu sein, der nicht richtig schreiben und lesen kann... Falle ich schon nicht durch gute Leistungen auf, so werde ich die für mich nötige Aufmerksamkeit auf eine andere Art und Weise schon erhalten."

3. Begriffsklärung – „Was bedeuten Legasthenie und LRS?"

Info

Experten bezeichnen ca. 10 bis 15 % der Weltbevölkerung als legasthen. In Deutschland wird davon ausgegangen, dass 5 % aller Schüler Schwierigkeiten beim Erwerb und der Anwendung von Lese- und Rechtschreibfähigkeiten haben.

Auf der Suche nach einer Definition der Legasthenie ist selbst die Uneindeutigkeit der Begriffsbestimmung in der Fachliteratur verwirrend. Nebeneinander und, je nach Autor unterschiedlich gewichtet, werden die Bezeichnungen „Lese-Rechtschreibstörung", „Leseschwäche" „Lese–Rechtschreibschwäche", „Dyslexie", oder „Dysgrammatismus" benutzt. Im deutschsprachigen Raum werden die Begriffe Legasthenie und LRS oftmals gleichgesetzt. Die fehlende Unterscheidung führt zu fatalen Folgen in der Förderung.

Ein kurzer Abriss der verschiedenen Ansichten und Definitionen sollte etwas Licht ins Dunkel bringen.

Geschichtlicher Ursprung[1]

Ende des 19. Jahrhunderts erwähnte der Augenchirurg Thomas Hunt Morgan als Erster den Begriff der „Wortblindheit". Die Bezeichnung „Legasthenie" wurde 1916 durch den ungarischen Psychologen Pál Ranschburg eingeführt und bedeutet „Leseschwäche" (lateinisch *legere* = lesen, griechisch *astheneia* = Schwäche).
Die Forschung der ersten Hälfte des 20. Jahrhunderts hatte eine Pathologisierung legasthener Menschen zur Folge, da sich fast ausschließlich die Medizin mit der Thematik befasste, ohne nach psychologischen oder biologischen Ursachen suchte. Um die medizinische Konnotation zu vermeiden, wurde der Begriff „Legasthenie" dann auch 1978 von der deutschen Kultusministerkonferenz offiziell abgeschafft – dennoch wird er weiterhin benutzt.

---

[1]aus: www.Learnable.net

3.1 Definition nach ICD-10

Die World Health Organization (WHO) definiert die „umschriebene Lese-Rechtschreibstörung" bzw. eine isolierte Rechtschreibstörung unter „Entwicklungsstörungen schulischer Leistungen".

"The main feature is a specific and significant impairment in the development of reading skills that is not solely accounted for by mental age, visual acuity problems, or inadequate schooling. Reading comprehension skill, reading word recognition, oral reading skill, and performance of tasks requiring reading may all be affected. Spelling difficulties are frequently associated with specific reading disorder and often remain into adolescence even after some progress in reading has been made. Specific developmental disorders of reading are commonly preceded by a history of disorders in speech or language development. Associated emotional and behavioural disturbances are common during the school age period."

3.2 Vom britischen Parlament akzeptierte Legasthenie-Definition[2] [3]

Diffuse Informationen, ein geringes Hintergrundwissen und eine noch nicht ausreichende Öffentlichkeitsarbeit erschweren einen wertfreien Umgang mit dem Thema Legasthenie. Auch einige Fachleute stellen ganz offiziell die Frage, ob man nicht ohne den angeblich stigmatisierenden Begriff auskommen kann, da dieser nun doch im Laufe der Zeit überwunden sei und durch „Nicht–richtig-lesen-und-schreiben-können" ersetzt werden könne. Die Anti-Legasthenie-Haltung gipfelte in Großbritannien in einem Fernsehprogramm mit dem Titel „Der Mythos Legasthenie", das von vielen erwachsenen Legasthenikern und von der Britischen Dyslexia Association scharf kritisiert wurde. Am 7. Dezember 2005 fand daraufhin eine ausführliche Debatte im House of Lords statt, in der Lord Adonis als Vertreter des Parlaments und Minister für Bildung und Erziehung gebeten wurde, eine eindeutige

---

Vollständige Debatte:
http://www.bdadyslexia.org.uk/downloads/Lords.pdf
Quelle: http://de.wikipedia.org/wiki/Legasthenie#cite_note-27

Stellung zu den Problemen legasthener Menschen zu beziehen.

Lord Adonis betonte schließlich, dass das britische Parlament Legasthenie als komplexe neurologische Lerngegebenheit verstehe. Menschen mit einer Legasthenie benötigten besonderer Unterstützung, um lesen und schreiben zu lernen und um das für den schulischen und beruflichen Erfolg so wichtige Textverständnis entwickeln zu können. Er berief sich auf eine im Jahre 1999 von der Britischen Psychologischen Gesellschaft zusammengestellte und vom Parlament akzeptierte Definition, auf die Fachkräfte aufbauen können, ohne sich weiter mit wenig produktiven Argumenten zu belasten:

„Eine Legasthenie liegt offensichtlich dann vor, wenn akkurates flüssiges Wortlesen oder -schreiben sich nicht vollständig oder nur mit großen Schwierigkeiten entwickelt. Im Brennpunkt steht dabei ein schweres und anhaltendes Problem mit dem Lesen- und Schreibenlernen auf der Wortebene trotz angemessener Beschulung. Dies ist die Ausgangsbasis für einen stufenweise sehr genau zu überwachenden Lernprozess.“

Bei dieser Debatte wurde darauf hingewiesen, dass ein großer Teil von Schulversagern und auch von Gefängnisinsassen legasthene Veranlagungen habe. Da nicht frühzeitig und mit adäquaten Förderangeboten auf die Schwäche reagiert werde, seien in der Folge kostspielige Interventionen unvermeidbar. Nachträglich installierte Sozialprogramme etwa verschlingen ein Vielfaches im Vergleich zu Präventivmaßnahmen und eine individuelle Förderung schon in den ersten Grundschulklassen. Jedoch sind die entstehenden Therapiekosten meistens so hoch, dass sie von vielen Eltern kaum alleine getragen werden können.

3.3 Pädagogische Definition[4]

„Ein legasthener Mensch, bei guter oder durchschnittlicher Intelligenz, nimmt seine Umwelt differenziert anders wahr, seine Aufmerksamkeit lässt nach, wenn er auf Buchstaben oder Zahlen trifft, da er sie durch seine differenzierten Teilleistungen anders

---

[4] Quelle: http://www.legasthenie-lrs-dyskalkulie.com/

empfindet als nicht legasthene Menschen. Dadurch ergeben sich Schwierigkeiten beim Erlernen des Lesens, Schreibens und Rechnens."
(Dr. Astrid Kopp-Duller, 1995)

Die Legasthenie ist zunächst ein Thema, das pädagogischer Hilfe, Unterstützung im Aufmerksamkeitsbereich, Schulung der Sinnesfunktionen und geeigneter pädagogisch-didaktischer Lehrmethoden bedarf. Bei individueller, alle Sinne umfassender Förderung können gute Erfolge verzeichnet werden. Nur wenn eine Legasthenie nicht frühzeitig erkannt wird, kann es zu Sekundärproblematiken kommen.

Schulische Fehlleistungen bedürfen schulischer, pädagogischer und häuslicher Unterstützung – vorzugsweise einer Zusammenarbeit von Elternhaus, Lehrer/innen und Spezialisten im Bereich der Legasthenie- und Lerntherapie.

3.3.1 Unterscheidung von Legasthenie und LRS

Die **Legasthenie** ist eine genbedingte (vererbte) Problematik im Bereich des Lesens und Schreibens. Neuere Forschungen weisen darauf hin, dass die Chromosomen 1, 2, 6, 15 und 18 eine wichtige Rolle spielen bei dem Auftreten der Legasthenie spielen.

Die **Lese-Rechtschreib-Schwäche (LRS)** hingegen ist erworben. Gründe hierfür können längere Krankheit und der damit verbundene Schulausfall sein, eine unzureichende Beschulung aufgrund falscher Lern- oder Lehrmethoden, familiäre Probleme durch Krisen wie Scheidung, Todesfall, Umzug und ähnliches sein.

Eine Differenzierung der beiden Begriffe wird im deutschsprachigen Raum selten bis nie vorgenommen. Da jedoch die Förderansätze völlig unterschiedlich sind, ist eine präzise Abgrenzung die Voraussetzung für ein angemessenes und erfolgreiches Training.

Legasthene Kinder werden in den drei Bereichen der Aufmerksamkeit, der Sinneswahrnehmungen und der Symptome individuell gefördert. Ein alleiniges Symptomtraining, das den Schwerpunkt in der Arbeit mit LRS-Kindern bildet (Erlernen von Rechtschreibregeln, Arbeiten „an den Fehlern"), führt bei Legasthenikern nicht zur Beendigung ihrer großen Herausforderungen oder zum Erfolg.

Legasthenie:
- Training der Aufmerksamkeit
- Training der Sinneswahrnehmungen
- Training der Symptome

Lese-Rechtschreib-Schwäche (LRS):
- Training und Erarbeitung von Regelwissen steht im Vordergrund

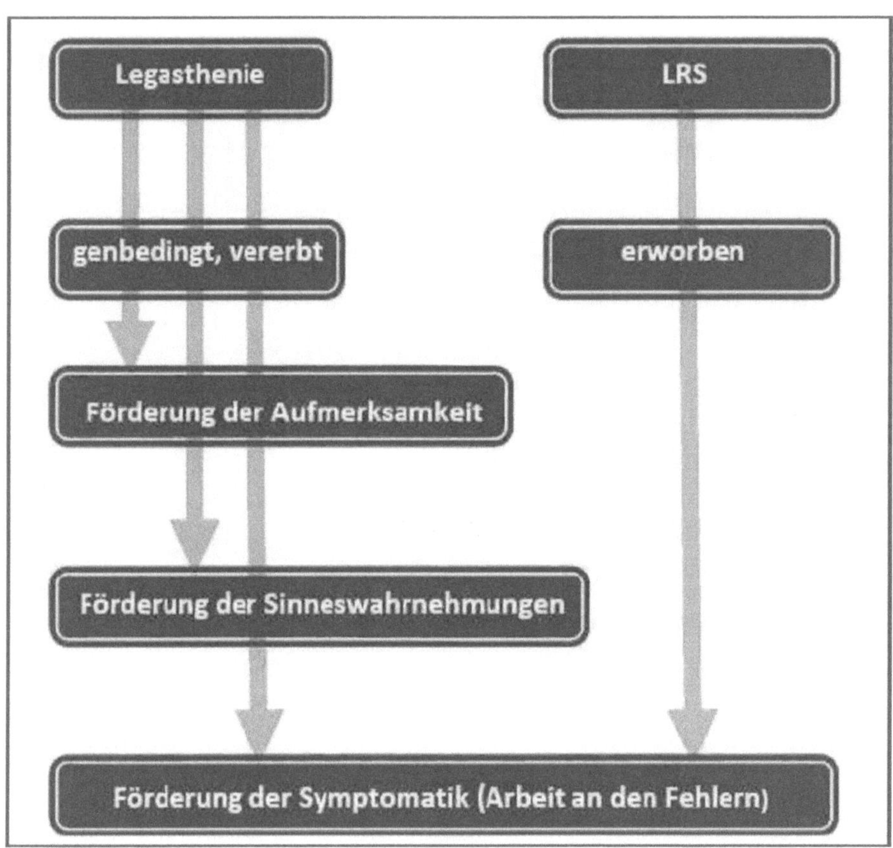

Legasthenie
LRS
genbedingt, vererbt
erworben
Förderung der Aufmerksamkeit
Förderung der Sinneswahrnehmungen
Förderung der Symptomatik (Arbeit an den Fehlern)

3.4 Definitions-Dschungel?

Da die Vielzahl der Definitionen von unterschiedlichen Berufsgruppen erstellt wurde,
möchte selbstverständlich auch jeder die eigene
Sicht und den eigenen Ansatz des Fachgebietes
mit einbringen.

Unabhängig von jeglicher Begriffssuche steht
immer der legasthene Mensch im Vordergrund.
Er ist legasthen – jedoch weder krank noch
behindert!

4. Symptome – „Welche Kennzeichen hat eine Legasthenie?"

Wer nun auf der Suche nach „dem einem"
offensichtlichen, einzigen und allgemeinen
Erscheinungsbild von Legasthenie ist, wird
enttäuscht werden: Jedes legasthene Kind hat
„seine" individuelle Legasthenie. Es können
keine zwei Kinder mit denselben Kennzeichen
oder Symptomen gefunden werden. Betroffene
haben individuelle vielschichtige Schwächen,
aber auch ebensolche Stärken.

Es folgt eine Liste mit einem Auszug von Merkmalen, welche möglicherweise zu beobachten sind und auf eine Legasthenie hinweisen können. Treffen mehrere Punkte bei einem Kind über einen längeren Zeitraum ohne erkennbare äußere Gründe zusammen, empfiehlt sich eine Abklärung durch einen Spezialisten.

4.1 Auffälligkeiten im Vorschulalter

Das Kind
- hat keine robbende und/oder eine verkürzte Krabbelphase durchlaufen
- zeigt verspätetes Gehen, eine schlechte Körperkoordination
- fällt über nicht vorhandene Gegenstände
- hat Schwierigkeiten beim Umgang mit Besteck, Schere, Schnürsenkeln, Knopflöchern
- zeigt oft Koordinationsschwierigkeiten beim Malen oder motorische Schwächen beim Sport wie Rad-, Skifahren, Schwimmen
- schafft eigene Wörter wie „Wasseral" statt „Mineralwasser"

- spricht spät/lispelt/stottert/stammelt
- hat Schwierigkeiten beim Merken von Reimen und Liedern sowie bei Memory- und Puzzlespielen

4.2 Auffälligkeiten im Verlauf der Schulzeit

Das Schulkind
- ist leicht ablenkbar, wenn es um jegliche Arbeit mit Symbolen, also Buchstaben und Zahlen, geht
- ermüdet schnell
- hat scheinbare Seh- sowie Hörprobleme, auch öfter sprachliche Mängel, die jedoch vom Arzt nicht als organisch diagnostiziert wurden
- weist Probleme im Bereich von „Raum und Zeit" auf
- zeigt eine verkrampfte Körperhaltung und
- hat ein unleserliches Schriftbild.

Des Weiteren können sich Auffälligkeiten zeigen, die zunächst nicht mit einer Legasthenie in Verbindung gebracht werden
- ein geringes Selbstwertgefühl,

- Trödeln,
- Überaktivität, allgemeine Unruhe,
- Schulangst,
- Magen-Darm-Probleme.

Nicht jedes legasthene Kind zeigt diese Verhaltensweisen und Merkmale.

4.3 Auffälligkeiten im Jugend- und Erwachsenenalter[5]

Beim Lesen äußert sich eine Legasthenie in
- Auslassungen, Ersetzen, Verdrehen oder Hinzufügen von Worten oder Wortteilen,
- niedriger Lesegeschwindigkeit,
- Startschwierigkeiten beim Vorlesen, langes Zögern oder Verlieren der Zeile im Text, ungenaues Phrasieren,
- Schwierigkeiten beim Aufsagen des Alphabets,
- Vertauschen von Wörtern im Satz oder von Buchstaben in den Wörtern.

Beim Leseverständnis fallen auf

---

[5] Quelle:
http://learnable.net/legasthenie/infos/symptomatik/index.php

- Probleme, Gelesenes wiederzugeben,
  einer Unfähigkeit, aus Gelesenem
  Schlüsse zu ziehen oder Zusammenhänge
  zu erkennen
- die Verwendung allgemeinen Wissens als
  Hintergrundinformation anstelle von
  Informationen aus einer besonderen
  Geschichte, wenn zu dieser besonderen
  Geschichte Fragen zu beantworten sind.

Im Bereich des Rechtschreibens lassen sich folgende Besonderheiten beobachten:

- Reversionen: Verdrehungen von
  Buchstaben im Wort: (b-d, p-q, u-n)
- Reihenfolge- oder Sukzessionsfehler:
  Umstellungen von Buchstaben im Wort
  (die-dei)
- Auslassen von Buchstaben (auch-ach),
- Einfügungen falscher Buchstaben
- Regelfehler (Dehnung, Groß- und
  Kleinschreibung)
- Wahrnehmungsfehler (Verwechslung von
  d-t, g-k) sowie
- Fehlerinkonstanz dadurch, dass ein- und
  dasselbe Wort immer wieder unterschied-
  lich fehlerhaft geschrieben wird.

Zu beachten ist, dass diese Auffälligkeiten nicht stets gemeinsam auftreten müssen, sondern auch einzeln oder isoliert auf eine Legasthenie/LRS hinweisen können. Somit ist eine ausführliche Statusdiagnostik unverzichtbar und gleichzeitig die Grundlage für eine zielführende Intervention.
Die oben genannten Aufzählungen sind nur Beispiele und auf keinen Fall als vollständig anzusehen!

4.4 Ab wann ist eine Legasthenie erkennbar?

Auch nicht-legasthenen Kindern unterlaufen Fehler, welche typisch für Legastheniker sind – jedoch nicht so gehäuft und nicht andauernd. Kennzeichen einer Legasthenie können schon ab Mitte des 1. Schuljahres beobachtet werden.

Da legasthene Kinder durchschnittlich bis überdurchschnittlich intelligent sind, wird ihre Legsthenie häufig erst im 3. Schuljahr festgestellt. Zuvor konnten sie Strategien entwickeln, die ihre differente Wahrnehmungsweise verdeckten. So lernen diese Kinder Texte beispielsweise auswendig. Mit dem Anstieg der schulischen Anforderungen sind diese Möglichkeiten dann irgendwann ausgeschöpft.

5. Ursachen

(Beiträge teilweise übernommen und überarbeitet von David Gerlach, www.learnable.net)

Im Nachfolgenden wollen wir Ihnen die Ursachen der Legasthenie aufzeigen.
Die Ursachen einer Legasthenie lassen sich unterteilen in:
- **genetische Ursachen**
- **neurobiologische Ursachen**
- **neuropsychologische Ursachen**
- **Umweltfaktoren**

5.1 Genetische Ursachen[6]

Man vermutete bereits sehr früh, dass die Legasthenie erbliche Faktoren haben könnte.

Vgl. Online – Artikel: http://www.lrs-portal.net/legasthenie/ursachen/legastheniegenentdeckt.php

Deswegen sprach man auch zwischenzeitlich von „erblicher Wortblindheit". Dadurch, dass die Gentechnik in der zweiten Hälfte des 20. Jahrhunderts große Fortschritte gemacht hat, konnten durch Stammbaumanalysen, Zwillingsforschungen und zuletzt durch die molekulare Gentechnik klare Indizien für eine genetische Disposition als Grundlage für eine Legasthenie gelegt werden. Dabei scheinen sich die entsprechenden Gene auf den Chromosomen 15 und 6 zu befinden. Erst 2005 wurde das Gen DCDC2 entdeckt, das die Wanderung von Nervenzellen in das Sehzentrums des Gehirns steuern soll (Schumacher et al. 2005). Sofern dieser Vorgang beeinträchtigt wird, dürften legasthene Menschen bereits durch diesen Gendefekt Probleme mit ihrer visuellen Wahrnehmung haben, worauf im nächsten Abschnitt eingegangen werden soll.

5.2 Neurobiologische Ursachen

Auf der neurobiologischen Ebene äußern sich bei einer Legasthenie Beeinträchtigungen der akustischen und visuellen Wahrnehmung.

Akustische Wahrnehmung: Basale Wahrnehmungsstörungen sind dafür verantwortlich, dass legasthene Menschen beispielsweise schnell aufeinanderfolgende Töne oder Tonhöhen oft nicht korrekt unterscheiden können, sodass es ihnen verwehrt bleibt, eine normale phonologische Bewusstheit (siehe unter neuropsychologische Ursachen) ausbilden zu können. Auch durch bildgebende Verfahren sichtbar gemachte Hirnregionen eines Legasthenikers zeigen eine deutliche Unteraktivierung der Bereiche der akustischen Wahrnehmung im Vergleich zu einem Nicht-Legastheniker.

Visuelle Wahrnehmung: Lange Zeit wurde davon ausgegangen, dass Legastheniker Probleme mit der Bewegung ihrer Augen haben (Okulomotorik). Dies wurde mittlerweile wider-legt (Schulte-Körne 2002, S. 22–23). Es wurde erwiesen, dass lediglich die nervliche Steuerung der Augenbewegung (also nicht konkret der Muskulatur) anscheinend Auslöser dafür ist. In diesem Zusammenhang wurde festgestellt, dass leseschwache Kinder Sprache in kleineren Einheiten aufnehmen müssen, somit beim Lesen deutlich länger brauchen und ihnen dann meist bereits am Ende eines Satzes der Inhalt des Satzanfangs nicht mehr bewusst ist. Die mit der visuellen Wahrnehmung verbundene Raumwahrnehmung ist bei Legasthenikern ebenfalls beeinträchtigt und äußert sich z. B. beim Lesen durch ein Überspringen von Zeilen oder Wörtern. Auch hier im visuellen Bereich wurde eine Minderaktivierung bestimmter Hirnareale festgestellt.

5.3 Neuropsychologische Ursachen

Aus den neurobiologischen Beeinträchtigungen im visuellen und akustischen Bereich ergeben sich neuropsychologisch weitere Schwierigkeiten:

Phonologische Bewusstheit: Hierunter versteht man das Erkennen und (sinnvolle) Verknüpfen der kleinsten, sprachlichen Einheiten, sogenannte Phoneme. Legastheniker haben beim Lesen und Schreiben Schwierigkeiten mit dem Durchführen dieser „lautanalytischen Aufgaben" (Schulte-Körne 2002, S. 20).

Benenngeschwindigkeit: Unter Benenngeschwindigkeit versteht man den Abruf von sprachlicher Information aus dem Langzeitgedächtnis – eine Fähigkeit, die bei Legasthenikern ebenfalls oft sehr schwach ausgeprägt ist. Gemeinsam mit einer Beeinträchtigung der phonologischen Bewusstheit ergibt sich so ein in sich verstärkendes, doppeltes Defizit („Double Deficit"-Hypothese, Bowers & Wolf 2000).

Phonologisches Rekodieren ist der Prozess, der hauptsächlich beim Lesen für das Verständnis der Wörter bzw. einzelner Laute (der „Code") verantwortlich ist. Beim Rekodieren wird dieser Code dann neu gespeichert bzw. mit der phonologischen Bewusstheit abgeglichen und liefert somit beim Leseprozess ein Ergebnis. Auch hier zeigen Legastheniker häufig Schwierigkeiten.

Aufmerksamkeit und Konzentration: Legastheniker zeigen – insbesondere bei Konfrontation mit der Schriftsprache – eine verminderte Aufmerksamkeit und Aufnahmefähigkeit. Auch deshalb lässt sich bei Legasthenikern häufig die Aufmerksamkeitsdefizit-

Störung (AD(H)S) feststellen.

Intelligenz: Per Definition zeigen Legastheniker Lese-/Rechtschreibschwächen bei mindestens durchschnittlicher Intelligenz. Dies ist also kein eindeutiges Kriterium für einen Legastheniker, wie früher vermutet wurde (Deimel 2002). Viele Legastheniker sind sogar Berühmtheiten, Nobelpreisträger o. Ä. und zeigen durchaus überdurchschnittliche, kognitive Leistungen.

5.1 Umweltfaktoren

Unter Umweltfaktoren, die eine Legasthenie zusätzlich negativ beeinflussen und begünstigen können, zählen hauptsächlich soziale Einflüsse, die Auswirkungen auf die Psyche des Kindes haben. So belasten allgemeine Schwierigkeiten in der Schule das Familienleben zu Hause, was unter Umständen wiederum negative Auswirkungen auf das Verhältnis eines Kindes zu Freunden haben kann. Eine Einbeziehung aller im Kreis des Kindes wirkenden Menschen sollte also eine Grundvoraussetzung für eine erfolgreiche Legast[r]henietherapie sein.

Zur sozialen Stellung wurde darüber hinaus in Studien zum Peergroup-Status von legasthenen Kindern festgestellt, dass diese eine höhere Rate aufweisen, unbeliebt und sozial zurückgewiesen zu sein im Vergleich zu einer Gruppe nicht legasthener Kinder (Solheim 1989, S. 37).

6. Diagnose – „Wie wird eine Legasthenie festgestellt – welche Anlaufstellen gibt es?"

Unterschiedliche Anlaufstellen finden sich im

- **medizinischen Bereich,**
- **psychologischen Bereich,**
- **pädagogischen Bereich.**

Die Feststellung einer Legasthenie, auch die Abgrenzung von einer LRS, wird durch unterschiedliche Fachstellen geleistet. Noch immer gibt es keine klare Vorgehensweise in der Diagnose.

Der heute übliche Weg ist der Gang zu einem Schulpsychologen, zu einem sozialpädiatrischen Zentrum oder zu einem Kinder- und Jugendpsychologen. Im pädagogischen Bereich erstellen diplomierte Legasthenietrainer ein Gutachten.

Allgemein kann man sagen, dass Psychologen eine Legasthenie feststellen, jedoch nicht gezielte Bereiche benennen können, wo die Probleme auftreten.
Eine pädagogische Diagnose zeigt meist die Bereiche eines legasthenen Kindes auf, die betroffen sind.

6.1 Diagnostik im medizinischen/psychologischen Bereich

Im medizinischen und psychologischen Bereich kann man eine Legasthenie mittels standardisierter Testverfahren und Intelligenztests diagnostizieren. Ebenfalls werden Tests der Seh- und Hörfunktion bzw. der akustischen und visuellen Wahrnehmung sowie psychometrische Lese- und Rechtschreibtests durchgeführt.

Im Allgemeinen ist es wichtig zu wissen, dass im medizinischen Bereich zwar eine Legasthenie diagnostiziert werden kann, aber im Gegensatz zu einer pädagogischen Diagnostik keine Aussage getroffen wird, wo die Defizite jetzt genau liegen. Auch können im medizinisch/-psychologischen Bereich *körperliche Ursachen*, wie etwa Seh- oder Hörprobleme, ausgeschlossen werden.

6.2 Diagnostik im pädagogischen Bereich

Im pädagogischen Bereich wird eine Legasthenie entweder durch eine geschulte Lehrkraft in der Schule oder durch einen Legasthenietrainer diagnostiziert. In der Schule werden meist sogenannte Klassentests durchgeführt, die die Rechtschreibleistungen der Schüler testen. Hier wird aber nur getestet, wie weit das jeweilige Kind im Wissensstand der Rechtschreibregeln ist. Sollten hier Schwierigkeiten festgestellt werden, erfolgt eine weitere Testung meist durch einen Legasthenietrainer. Dies geschieht aber nur auf Anraten der jeweiligen Lehrer oder durch die Eltern. Legasthenietrainer diagnostizieren eine Legasthenie und benennen dabei die (Sinnes-) Bereiche, wo die Probleme auftreten.

6.3 Multiaxiale Diagnostik

Eine multiaxiale Diagnostik (Diagnostik durch mehrere Berufsgruppen, meist Mediziner, Psychologen, Pädagogen) erfolgt entweder deshalb, weil **a)** zuständige Institutionen (Jugendamt, Schulamt) das fordern oder weil **b)** zu der eigentlichen Legasthenie sekundäre Problemlagen und/oder körperliche Schwierig-keiten auftauchen (vgl. Kapitel 4.).

Zu a):

Generell kann eine „normale" Legasthenie, also ohne sekundäre Folgen, durch einen Legasthenietrainer mit wissenschaftlichen Testverfahren diagnostiziert und mit einem pädagogischen Gutachten attestiert werden. Jedoch ist es leider immer noch so, dass diese pädagogischen Gutachten von Schulen oder Jugendämtern nicht anerkannt werden und so ein Gang zum Arzt oder Psychologen notwendig wird.

Zu b):

Sollten sich bei einem legasthenen Kind zusätzliche Problemlagen, wie etwa körperliche Ursachen oder sekundäre Folgen, wie etwa Depression, zeigen, so ist es anzuraten, weitere Berufsgruppen zur Diagnostik hinzuzuziehen.

7. Das Diagnoseverfahren

Ein Diagnoseverfahren sollte mit einem Anamnesegespräch beginnen, in dem Fragen bezüglich der Biografie des Kindes, der Familiengeschichte sowie der sozio-ökonomischen Umstände beleuchtet werden:

- vorgeburtliche Ereignisse
- Krankheitsvorkommen
- schulische Situation
- familiäre Situation
- Arbeitsverhalten
- …

Im Anschluss an das Anamnesegespräch werden Testverfahren angewandt. Diese geben Aufschluss über das Lern- und Leistungsvermögen des Kindes und filtern seine individuellen Schwächen, aber auch seine Stärken heraus.

In einem Auswertungsgespräch erfolgt eine verständliche, nachvollziehbare Erklärung der Testergebnisse. Den Eltern wird genug Raum für Fragen zur Verfügung gestellt.

Tipp

Sehen Sie das Feststellungsverfahren nicht als Grundlage für eine „Mängelliste", die Ihrem

Kind angeheftet wird! Es ist vielmehr eine Voraussetzung für die sinnvolle und individuelle Förderung, da sowohl die Schwächen als auch die Stärken beleuchtet werden.

8. Förderung – „Wie und wo bekomme ich Hilfe für mein Kind?"

Der erste Schritt, mit oder ohne Diagnose, sollte ein Gespräch mit dem Lehrer sein. Vereinbaren Sie einen Termin und besprechen Sie Ihre Beobachtungen, Befürchtungen und die Auffälligkeiten Ihres Kindes mit dem Lehrer.

Eine gute Vorbereitung erleichtert die Kontaktaufnahme mit der Schule. **Machen Sie sich Stichpunkte zu dem, was Ihnen am Herzen liegt:**

- Was beobachten Sie bei Ihrem Kind?
- Wo vermuten Sie Probleme bei Ihrem Kind?
- Seit wann besteht die Auffälligkeit?
- Wie sieht es die Lehrkraft?

- Welche Fragen haben Sie?
- Wie steht die Lehrkraft dazu?
- Schulische und außerschulische Förderangebote – was ist möglich?

Nicht immer tritt nach diesem Gespräch eine Erleichterung ein. Vieles ist abhängig von dem Umgang der jeweiligen Schule und des jeweiligen Lehrers mit dem Thema Legasthenie. Während manche Schulleiter behaupten, in ihrer Schule sei noch nie ein legasthenes Kind beobachtet worden, sind einige Lehrer sehr gut vertraut mit der Thematik, vielleicht auch durch den Umgang mit Kindern im privaten Bereich. Selten jedoch sollte die Einschätzung des Lehrers als alleinige Handlungsgrundlage betrachtet werden. Sätze wie „Das wächst sich schon aus!" fallen leider immer noch. Das Resultat: Ein Leidensweg, der vermieden oder frühzeitig abgekürzt werden könnte, wird aus Unwissenheit der Lehrer und mangelnder Initiative der Eltern verlängert. Letztendlich tragen Eltern die Verantwortung für das Wohlergehen ihres Kindes und sind aufgefordert, weitere Meinungen einzuholen.

Förderangebote für legasthene Kinder sind sowohl im schulischen als auch im außerschulischen Bereich zu finden.

8.1 Schulische Förderung

Hier erteilt Ihnen die Schule Ihres Kindes Auskunft. Fragen Sie nach, welche Fördermöglichkeiten vorgesehen sind. Bitten Sie um den Namen des zuständigen Lehrers und erfragen sie seine Qualifikation, denn ein Legasthenietraining ist kein Nachhilfeunterricht! Achten Sie auf die Größe der Fördergruppe, die Homogenität in Bezug auf den Leistungsstand, eventuell auch auf das Alter der Kinder in der Gruppe. Die Förderung eines legasthenen Kindes erfordert pädagogische, methodische und fachliche Voraussetzungen, die in der Lehrerausbildung zurzeit noch nicht berücksichtigt werden. Ebenfalls ist sie keine reine Sprachförderung. Da Legastheniker

individuelle Herausforderungen an ihre Bezugspersonen stellen, ist eine Arbeit in der Gruppe kritisch zu betrachten.
Wenn es schulische Möglichkeiten der Förderung gibt (so sollte es sein), ist es sinnvoll für Sie als Eltern, einmal zu hospitieren.

Wichtig ist auch, dass Sie sich mit dem Erlass Ihres jeweiligen Bundeslandes vertraut machen. Bedenken Sie dabei, dass es sich um eine „Kann-Bestimmung" handelt, die leider häufig durch ein zu geringes Lehrerkontingent nicht ausgeschöpft werden kann (so werden etwa für Förderung vorgesehene Lehrer durch fehlende Fachlehrer ersetzt – und der Förderunterricht wird ersatzlos gestrichen).

Hinweis
Einzelförderung ist effektiver als Gruppenförderung!

8.2 Außerschulische Förderung

Die Rahmenbedingungen in Schulen sind noch nicht immer ideal, schulische Möglichkeiten reichen oftmals nicht aus, was den Umgang mit von Legasthenie betroffenen Kindern angeht. Deshalb darf die Bedeutung der außerschulischen Förderung niemals unterschätzt werden.

Was muss eine gute außerschulische Förderung beinhalten?

- ✓ Umfassende Informationen werden zu allem, was mit der Legasthenie zusammenhängt, geboten.
- ✓ Das Kind muss getestet werden oder es muss eine Diagnose vorliegen. Die Diagnose ist stets nur eine Momentaufnahme, die durch Beobachtungen immer wieder überprüft wird!
- ✓ Das Legasthenietraining findet nicht in der Gruppe statt.
- ✓ Legasthenietraining ist kein Nachhilfeunterricht! Neben der Arbeit an

den Symptomen werden die Schwerpunkte Aufmerksamkeit und Sinneswahrnehmungen bearbeitet.

- ✓ Ist der Trainer/Therapeut für diese Problematik ausgebildet? Hat er spezifische Fort- und Weiterbildungen in diesem Bereich?
- ✓ Welche Methoden werden eingesetzt?
- ✓ Wo und wie oft finden Trainingsstunden statt?
- ✓ Bekommen die Eltern Materialien für zu Hause mit?
- ✓ Arbeitet der Trainer mit einem Computer und entsprechenden Legasthenieprogrammen?

Hinweis

Bislang gibt es keine Ausbildung zum Legasthenietherapeuten oder Legasthenie-trainer, die staatlich anerkannt ist. Die Voraussetzungen der in diesem Bereich Tätigen sind sehr unterschiedlich. Sie sollten jedoch zumindest Fort- und Weiterbildungen besucht haben und weiterhin besuchen, um neueste Erkenntnisse in ihre Arbeit einfließen lassen zu können.

Eine Vielfalt an Fördermethoden wird angeboten. Nicht alle sind, wenn man sie nur einzeln einsetzt, hilfreich bzw. können zu einer Verbesserung führen.
Achten Sie darauf, dass die Methoden speziell den Anforderungen und Bedürfnissen Ihres Kindes angepasst werden.

Fragwürdig sind Leistungsanbieter, die ausschließlich Methoden wie etwa Bachblüten-therapie, NLP, autogenes Training o. Ä. einsetzen. Diese können unter Umständen in einer Kombination unterstützend wirken, werden jedoch, alleine angewandt, nicht zum Erfolg führen.

8.2.1 Beispiel: „Die AFS-Methode"[7]

Die AFS–Methode (Training der Aufmerksam-keit, der Funktionen und die Arbeit an den Symptomen) ist eine offene Methode, die sich

---

Quelle - siehe Internet:
http://www.dyslexiatest.com/methode.htm

nach den Anforderungen des Kindes richtet, ständig flexibel an seine Bedürfnisse angepasst wird und seine Leistungsschwankungen berücksichtigt. Diese Methode betrachten wir als sehr sinnvoll und möchten diese nun hier vorstellen.

AFS

A steht für **AUFMERKSAMKEIT**
F steht für **FUNKTION**
S steht für **SYMPTOM**

A Die differenzierte Aufmerksamkeit, man könnte sie auch Unaufmerksamkeit nennen, spielt bei legasthenen/ dyskalkulen Kindern eine wesentliche Rolle, da sie dazu führt, dass Kinder im Symbolbereich nicht das leisten können, was von ihnen erwartet wird.

Bei jedem Legasthenie- bzw. Dyskalkulietraining soll die volle Aufmerksamkeit gewährleistet sein, damit ein Idealzustand des Lernens und des Vertiefens entsteht. Viele Fehler passieren, weil die Gedanken und das Handeln beim legasthenen/dyskalkulen Menschen nicht im Einklang stehen. Das heißt, dass die Tätigkeit, die ein legasthener/dyskalkuler Mensch im Symbolbereich macht, wenn er z. B.

ein Wort/eine Zahl schreibt, nicht mit seinen momentanen Gedanken einhergeht. Er ist „nicht bei der Sache". Dadurch entstehen sogenannte Wahrnehmungsfehler. In anderen Bereichen findet bei diesen Kindern dieser Vorgang nicht statt. Deshalb ist es auch falsch, diese Kinder als „unkonzentriert" zu bezeichnen. Diese Kinder können sich oft stundenlang einer Sache widmen, die ihnen Spaß macht, wie z. B. dem Legospiel. Nur Symbole erzeugen bei ihnen im Unterbewusstsein eine Ablehnung, für die man sie aber nicht verantwortlich machen kann. Dies ist eher als eine Veranlagung anzusehen. Wichtig bzw. vorrangig muss nun die Bestrebung sein, die Kluft der Gedanken zum Handeln beim legasthenen/dyskalkulen Kind zu schließen. Das Zusammenführen der Gedanken und das gleichzeitige Handeln ist nun das oberste Ziel. Ist dies nicht gewährleistet, so wird jedes Legasthenie- bzw. Dyskalkulietraining scheitern.

Der erste Schritt ist, dass dies dem Betroffenen bewusst gemacht wird, damit er an diesem Problem arbeiten kann. Am besten macht man ihm dies in einem intensiven Gespräch klar. Es besteht kein Zweifel daran, dass nur der starke

Wille des Betroffenen hier mithelfen kann, seine Gedanken besser unter Kontrolle zu bringen. Trainer, Eltern oder Lehrer können hier nur bedingt von außen wirken. Die Gedanken zu beherrschen und nicht von den Gedanken beherrscht zu werden, ist die Devise. Dies wird auch schon von sehr jungen Kindern verstanden. Natürlich ist es möglich, das Aufmerksamkeitstraining durch verschiedene Übungen positiv zu unterstützen. Hier ist es wichtig, die Bedürfnisse des betroffenen Kindes genau herauszufinden. Was für manche Kinder sehr unterstützend wirkt, wird von anderen völlig abgelehnt. Sämtliche Übungen der Edu-Kinästhetik, des autogenen Trainings, der Entspannungsmusik, Phantasiereisen, Geschicklichkeitsübungen u. v. m. helfen dem legasthenen/dyskalkulem Kind, sich besser und aufmerksamer den Tätigkeiten des Lesens, Schreibens, Rechnens und des Lernens zu widmen. Wichtig ist nur, dass dies vom jeweiligen Kind angenommen wird.
Lehrer sollten öfters während des Unterrichts, auch Eltern während der Hausaufgabensituation, legasthene/dyskalkule Kinder daran erinnern, mit ihren Gedanken unmittelbar bei dem zu sein, was sie gerade jetzt tun und alle

anderen Gedanken zu verbannen. Dies darf natürlich nicht in einer stereotypen Aussage enden, wie „Konzentriere dich endlich!". Wichtig ist es auch, öfters mit dem Kind über seine Probleme bezüglich der Aufmerksamkeit bei Symbolen zu sprechen. Es könnte auch ein Zeichen verwendet werden, das man dem Kind gibt, wenn man merkt, es ist schon wieder meilenweit weg mit seinen Gedanken. Das Flieger-OK oder Taucher-OK haben sich bestens bewährt. Auch andere Gegenstände, die dem Kind signalisieren: „Jetzt muss ich mit den Gedanken wieder bei der Sache sein", ein Lieblingssticker beispielsweise, aufgeklebt auf einem Gegenstand, welches das Kind auch in der Schule ständig vor Augen hat, auch ein bestimmtes Schreibgerät, können dem Kind helfen, sich zu erinnern, aufmerksam zu sein. Wichtig ist, dass diese Technik lange und ausdauernd geübt bzw. trainiert wird, nur dann wird es den gewünschten Erfolg bringen. Kinder, die nicht aufgeben zu probieren, ihre Gedanken zu lenken, werden früher oder später erste Erfolgserlebnisse haben. Plötzlich merken sie, dass ein Satz, den sie im Zustand der völligen Aufmerksamkeit geschrieben oder gelesen haben, absolut richtig ist, und dass sie sich auch den Inhalt des Gelesenen gemerkt haben. Ab diesem Zeitpunkt ist es dann nur noch eine Frage der Zeit, wann sie ihre Oberflächlichkeit bezüglich der Symbolik aufgeben und sich dieser Prozess der Aufmerksamkeit bei Symbolarbeiten automatisiert.

Die Funktionen, die sogenannten Sinneswahrnehmungen, auch Teilleistungen genannt, sind bei legasthenen/dyskalkulen Kindern different. Es ist abzulehnen, von Störungen, Schwächen oder Krankheitsbildern zu sprechen. 15 % der Weltbevölkerung, egal, welche Sprache sie sprechen oder welche Schrift sie schreiben, sind laut IDA (International Dyslexia Association USA) von einer Legasthenie betroffen. 15 % aller Menschen als gestört, schwach oder krank zu bezeichnen, wäre nicht gerechtfertigt. Legasthene/dyskalkule Menschen haben einfach eine andere Wahrnehmung, sehr schnelle Gedankengänge, die sie in bedingter Weise am richtigen Schreiben, Lesen oder Rechnen hindern. Sie erlernen die Kulturtechniken zwar auch, aber in einer anderen Art, als es ihnen in unserem Schulsystem angeboten wird.
Dabei sind zwei Dinge zu beachten: Das

legasthene/dyskalkule Kind braucht eine längere Zeit, um sich mit den Symbolen problemlos auseinandersetzen zu können, und es muss wesentlich vertiefender Wortbilder oder Rechenprozesse erlernen. Wichtig ist, bei einem legasthenen/dyskalkulen Kind zu wissen, welche Sinneswahrnehmungen different sind, denn es ist in keiner Weise so, dass alle 8 Teilbereiche der Sinneswahrnehmungen different sein müssen. Durch einen Legasthenie- bzw. Dyskalkulietrainer ist festzustellen, welche Sinneswahrnehmungen betroffen sind. Mittels einer längeren Beobachtung des Kindes oder durch Über-prüfung des AFS-Computertestverfahrens zeigt sich, wo das Kind seine Schwierigkeiten hat. Diese sind dann individuell, ausdauernd, ausreichend und täglich von Eltern (siehe Trainingsplan für Eltern) oder durch einen Trainer ein- bis zweimal pro Woche zu trainieren. Indem die Sinne gestärkt werden, ergeben sich schon gewisse Verbesserungen im Schreiben, Lesen oder Rechnen. Wichtig ist, dass nicht alle Sinneswahrnehmungen gleichzeitig trainiert werden, sondern ein Teilbereich nach dem anderen abgearbeitet und somit verbessert wird, damit das Kind nach und nach den Level erreicht, der eine verbesserte Leistung im Symbolbereich garantiert.

Es gibt Funktionsübungen ohne Symbole und Funktionsübungen mit Symbolen. Die Schwierigkeitsstufen der Übungen sind individuell nach dem Stand des Kindes zu wählen. Man muss dafür sorgen, dass das Kind genügend Erfolgserlebnisse hat, damit es die Freude am Training nicht verliert. Jede sinnvolle Übung kann im Rahmen des Funktionstrainings verwendet werden. Aus der Fülle von Funktionsübungen muss der Legasthenie- bzw. Dyskalkulietrainer individuell auswählen!

Das Symptomtraining ist das Training an den Fehlern. Das Schreiben lernt auch das legasthene Kind nur durch Schreiben, das Lesen durch Lesen, das Rechnen durch Rechnen. Übung macht den Meister, denn auch das legasthene Kind muss üben, genauso wie jedes andere Kind. Wichtig ist nur, dass das Erlernen und Vertiefen auf langsame und stetige Art vor sich geht. Zu viel Information im Symbolbereich ist für das legasthene Kind nicht zuträglich. Wichtig ist auch, dass ein Erlernen mit allen Sinnen erfolgt. Das legasthene Kind lernt durch Anfassen am besten. Man sollte daher dem Kind ermöglichen, sich Buchstaben und Wortbilder dreidimensional zu merken (siehe Worterarbeitung). Viele Wörter werden vom legasthenen Kind auf herkömmliche Art und Weise gespeichert, indem es in der Schule beispielsweise von der Tafel in das Heft schreibt und zur Hausübung nochmals vom Schulübungsheft in das Hausübungsheft schreibt. Doch gibt es auch viele, oft sehr einfache, häufige Wörter, die absolut nicht behalten werden können. Hier kann eine dauerhafte Abspeicherung nur durch genaue Worterarbeitung gewährleistet werden. Eine sogenannte persönliche Wörterliste des Kindes ist zu erstellen, diese ist dann kontinuierlich abzuarbeiten.

Wichtig ist, dass dem legasthenen Kind zuerst das Wortbild des zu bearbeitenden Wortes gezeigt wird, um damit hantieren zu können. Das Wort ist mehrmals aufzubauen, zu zerlegen und wieder aufzubauen. Dann wird der Wortklang erarbeitet. Mehrmals ist der Klang des Wortes zu wiederholen, das Kind soll den Wortklang von einer anderen Stimme hören und von der eigenen. Man kann das Wort buchstabieren oder lautieren. Es ist dem Kind bewusst zu machen, dass jedes Wort nur aus

Buchstaben besteht. Der innerlichen Angst des legasthenen Kindes vor einer Flut von Buchstaben kann man so erfolgreich entgegenwirken. Nicht nur 26 Buchstaben sind vom legasthenen Kind zu erlernen, sondern 105. Die Buchstaben der Blockschrift und der Schreibschrift, auch die Groß- und Kleinbuchstaben, stellen jeweils ein eigenständiges Zeichen dar, dazu kommen noch das „ß" und die Umlaute.
Schließlich muss die Bedeutung eines Wortes erarbeitet werden. Für ein legasthenes Kind ist die Bedeutung eines Wortes nicht obligat. Kann es zu einem Wort kein Bild finden, so wird die Abspeicherung behindert. Es ist daher dafür zu sorgen, dass das Kind sich eine eindeutige Vorstellung von der Bedeutung des Wortes machen kann, dabei kann auch ein sogenanntes Bedeutungswörterbuch benützt werden. In das Symptomtraining fällt natürlich auch eine besondere Lesemethode für legasthene Kinder. Bei allen drei Teilen der AFS-Methode ist der Computereinsatz absolut wichtig.

Weitere Informationen und Hintergründe finden Sie auf der Internetseite
http://www.dyslexiatest.com/methode.htm

9. Kosten – „Wer bezahlt die Förderung?"

Der Runderlass des Kultusministeriums vom
19.07.1991 unterscheidet nicht zwischen einer
LRS und einer Legasthenie. Zusammenfassend
wird dort von „besonderen Schwierigkeiten im
Bereich des Lesens und Schreibens"
gesprochen.

Eine außerschulische Förderung kostet Geld, da
sie eine Dienstleistung ist. Um in Zeiten leerer
Staatskassen möglicherweise eine Kostenübernahme zu erreichen, müssen Eltern gut
informiert, aktiv und ... hartnäckig sein!

Stellt eine unabhängige Beratungsstelle (der
Schulpsychologische Dienst, ein Kinder- und
Jugendlichenpsychiater oder -Psychotherapeut)
per Gutachten bei einem Kind eine drohende
oder bereits eingetretene seelische Behinderung fest, ist die Kinder- und Jugendhilfe
angehalten, dem Kind geeignete Maßnahmen
zur Eingliederungshilfe nach § 35a Strafgesetz-

buch VIII zu finanzieren. Diese Maßnahme kann ein Legasthenietraining, eine integrative Lernförderung u. Ä. sein.

9.1 Kostenübernahme durch das Jugendamt

Gesetzliche Grundlage: § 35a SGB VIII

Über die entsprechenden Bestimmungen informiert Sie Ihr örtliches Jugendamt.

Eingliederungshilfe für seelisch behinderte Kinder und Jugendliche:

(1) Kinder und Jugendliche, die seelisch behindert oder von einer solchen Behinderung bedroht sind, haben Anspruch auf Eingliederungshilfe. Die Hilfe wird nach dem Bedarf im Einzelfall in ambulanter Form, in Tageseinrichtungen für Kinder oder in anderen teilstationären Einrichtungen, durch geeignete Pflegepersonen und in Einrichtungen über Tag

und Nacht sowie sonstigen Wohnformen geleistet.

Da eine nicht oder nicht frühzeitig erkannte Legasthenie häufig zu Sekundärproblematiken führt, so etwa Schulunlust bis hin zur Verweigerung, Depression usw., ist eine Kostenübernahme durch das Jugendamt in begründeten Fällen möglich.

Das Jugendamt erwartet aber vorab eine Leistung der Schule, denn Lesen- und Schreibenlehren ist primär die Aufgabe der Schule (dies ist per Kultusministerium so vorgesehen). Fördermaßnahmen, um besondere Schwierigkeiten im Lesen und Rechtschreiben zu vermeiden oder zu überwinden, sollen im Rahmen der Stundentafel angeboten werden. Zusätzliche Förderkurse, die über die Stundentafel hinausgehen, sind wünschenswert. Sie können jedoch, besonders im Hinblick auf die Notwendigkeit einer individuellen Vorgehensweise und die Rahmenbedingungen der Schulen, selten so differenziert stattfinden, wie es notwendig wäre.

9.1.1 Welche Nachweise erwartet das Jugendamt?

Welche Nachweise erwartet das Jugendamt von Ihnen?

- Ein unabhängiges Gutachten, das die Legasthenie/LRS diagnostiziert.
- Einen Hinweis in diesem Gutachten, dass das Kind von einer seelischen Störung bedroht ist oder diese schon eingetreten ist, nach § 35a, SGB Buch VIII.
- Einen Schulbericht, der die schulische Förderung dokumentiert und bestätigt, dass zusätzliche außerschulische Förderung notwendig ist.

Bei Bewilligung des Antrages seitens des Jugendamtes haben Sie als Elternteil die Möglichkeit, sich zwischen verschiedenen Leistungsanbietern zu entscheiden. Die Leistungsanbieter dürfen aber nicht teurer sein als vergleichbare Dienste. Nutzen Sie ruhig diese Möglichkeit, um sich verschiedene Einrichtungen anzuschauen und sich ein eigenes Bild zu machen. In einem persönlichen

Gespräch mit den Ansprechpartnern der jeweiligen Einrichtung bekommen Sie ein Gefühl für unterschiedliche Vorgehensweisen und können sich mit den jeweiligen Konzepten befassen.

9.2 Kostenübernahme durch die Krankenkasse

In sehr seltenen Fällen ist eine Kostenübernahme durch die Krankenkasse möglich, dies jedoch meist nur in Verbindung mit anderen (Begleit-)Erkrankungen.

Tipp
Informieren Sie sich bei Ihrer Krankenkasse über die Möglichkeiten der Kostenübernahme.

10. Richtlinien – „Gibt es Richtlinien für legasthene Kinder?"

Um legasthenen Kindern eine tragfähige Grundlage für das weitere Lernen, Lesen und Schreiben und somit die Chance auf eine angemessene Bildung zu gewährleisten und Stigmatisierungen zu unterbinden („Die Kinder sind dumm oder faul"), liegt für jedes Bundesland ein sogenannter Legasthenie-Erlass vor.

Dieser soll dem Schüler die entsprechende Förderung gewährleisten, damit er ähnliche Leistungen erbringen kann wie seine nicht legasthenen Mitschüler. Bei diagnostizierter Legasthenie oder LRS kann ein Nachteilsausgleich eingeräumt werden. Das kann etwa eine Schreibzeitverlängerung bedeuten, die Nichtbewertung der Rechtschreibung oder es kann auch die vorgezogene mündliche Prüfung beinhalten.

Info

Jedes Bundesland hat seinen eigenen Legasthenieerlass.
Auch hierbei handelt es sich um Kann-Bestimmungen.

11. Selbsthilfe – „Wie kann ich meinem Kind zu Hause helfen?"

Sie können ihr Kind selbstverständlich auch zu Hause unterstützen.

Hinweis

Stures Üben oder Auswendiglernen führt nicht zum gewünschten Erfolg. Eher steigert es die Aversion gegen alles, was mit Lesen und Schule zu tun hat und stärkt die Verweigerungshaltung.

Wichtige Hinweise zum häuslichen Üben:

- ✓ Absprachen werden gemeinsam mit dem Kind getroffen.

- ✓ Es wird regelmäßig geübt (lieber jeden Tag 10 Minuten als einmal wöchentlich eine Stunde).
- ✓ Die abgesprochene Zeit darf nicht überzogen werden.
- ✓ Ein legasthenes Kind kann niemals zu viel gelobt werden! Stellen Sie es sich vor wie einen ausgetrockneten Schwamm.
- ✓ Die Motivation ist nicht immer vorhanden, kann aber durch spielerische Übungen und Materialvielfalt geweckt werden.

Kinder brauchen Rituale, das ist längst bekannt. Auch legasthene Kinder benötigen den Halt durch einen Rahmen, durch den sie sich sicher und zuversichtlich fühlen können.

So sind feste Hausaufgaben- und Lernzeiten besonders für diese Kinder sinnvoll. Sehen Sie das häusliche Üben jedoch nicht zu streng, denn das legasthene Kind leidet schon genug durch den Leistungsdruck in der Schule. Denken Sie daran, auch Sie lernen nur das gerne und gut, was Ihnen Spaß macht und Freude bereitet! Welcher Erwachsene ist schon bereit, auch nach unendlich vielen Misserfolgen und Abwertungen (und keinen erkennbaren

Fortschritten) eine Sportart, eine Fremdsprache
o. Ä. weiter zu üben, wenn doch jeder andere,
der sich damit beschäftigt, so mühelos zu guten
Ergebnissen gelangt! Auch ein Gesellschafts-
spiel kann Ihr Kind fördern – Möglichkeiten gibt
es viele. Im Vordergrund sollte immer die
Motivation stehen, denn Buchstabenwissen
kann nicht in den Kinderkopf eingetrichtert
werden. Lernen geschieht vielfältig und beginnt
mit einer möglichst unbelasteten Beziehung
zwischen Kind und Erwachsenem.

Legasthene Kinder haben Probleme mit den
Sinneswahrnehmungen – und diese können
spielerisch geschult werden. Nicht zu unter-
schätzen ist dabei die Rolle des Computers. Da
Kinder im Allgemeinen und legasthene Kinder
im Besonderen eine Vorliebe für dieses Medium
haben, ist er eine hilfreiche Unterstützung.
Neben vielfältigen Übungsmöglichkeiten für die
Sinneswahrnehmungen erfolgt das Erstellen
von Texten müheloser als mit der Hand. Der
Computer ist geduldig, zuverlässig, kritisiert
nicht, die Rechtschreibprogramme bieten Hilfe
an. Da Legastheniker manchmal selbst die
eigene Schrift nicht gut lesen können, bietet

der PC mit dem beständigen Schriftbild Sicher-
heit.

Mittlerweile steht eine Vielzahl von Materialien
und PC–Programmen im Handel zur Verfügung.
Nicht alle halten, was sie versprechen. Eine
kritische Haltung ist hier angebracht, um nicht
für viel Geld nutzlose Ware zu beziehen.
Selbstverständlich sollte die Beschreibung des
Materials für Eltern klar und deutlich und die
Handhabung nachvollziehbar sein.

Natürlich sollten aber auch gute Programme
maßvoll eingesetzt und die Kinder damit nicht
allein gelassen werden.

**Im Folgenden sind einige Materialien
beschrieben, die sich in der häuslichen
Förderung bewährt haben.**

11.1 PC-Programme/Lernsoftware

- ***Lesen 2000 plus Rechtschreibtrainer***

Hunderte Bilder, Wörter, Rätsel und
Sprachaufnahmen sorgen für eine lang
anhaltende Lernmotivation. Die Bedienung ist
kinderleicht.
Der Wortbestand für Deutschland, Österreich
und die Schweiz ist separat auswählbar.

- ***KLEX Version 11***

Angepasste Wortschätze für jede Klassenstufe
(1, 2, 3, 4, 5–6), insgesamt über 6.000 Wörter
im mitgelieferten Wörterbuch, 670 Bilder, 3.000
Wörter mit Ton, 1.400 Lückentexte, statistische
Auswertung, Übung nach Fehlerschwerpunkten
(Dopplung, Dehnung usw.), Datenbank für
beliebig viele Kinder, Entwicklungsbericht,
Einzelwortstatistik, Bildschirmtastatur,
Rechtschreibtest, Diktat-Trainer, Ausdruck von
Arbeitsblättern, Erstellen von eigenen
Wortlisten, Silbentrennung für alle Wörter, ...

- **_Teilleistungstrainer_**

http://www.cotec.de

Bietet 10 verschiedene Übungsmodule für den Einsatz im Legasthenietraining und in der Grundschule. Wichtige Teilleistungen wie zum Beispiel automatische Worterkennung, Serialität, Musterunterscheidung oder Links-Rechts-Unterscheidung können trainiert werden

- **_Logi-Clic 2_**

http://www.schubi.de

Wahrnehmungs- und Denktraining am Computer.

- **_Im Aquarium_**

http://www.sissi-nuhl.com

Ein Spiel zum Training des Körperschemas und der räumlichen Orientierung für Kinder.

Folgende Sprachen sind enthalten: Deutsch, Englisch, Französisch, Italienisch, Japanisch, Kroatisch, Polnisch, Russisch, Serbisch, Spanisch, Tschechisch, Türkisch, Ungarisch.

- ***Der – Die - Das***

Eine Software, ebenfalls von Frau Sissi Nuhl, welches dem Kind spielerisch die Artikel zu erkennen und zu festigen

http://www.sissi-nuhl.com

- ***Easy Training Program 3.0***

https://shop.legasthenie.com/

Das Easy Training Program ist eine Software zur Verbesserung der Sinneswahrnehmungen. Viele Spielteile sind bekannte Klassiker wie Memory oder Simon, aber in ihrem speziellen Einsatz pädagogisch und psychologisch getestet. Kinder von 5 bis 14 erreichen durch tägliches Trainieren eine Verbesserung der individuellen Schreib- und Leseleistung.

- ***Easy Reading Program***

https://shop.legasthenie.com/

Leseschablone für den PC.

Bitte beachten Sie, dass PC-Programme niemals als Ersatz für zwischenmenschliche Beziehungen gesehen werden dürfen. Achten Sie auch auf die Zeit, die Ihr Kind am Computer verbringt. Empfehlenswert ist es auch, dass das Kind Förderprogramme nicht allein am Computer benutzt.

An dieser Stelle möchten wir Sie auf eine Internetseite verweisen, auf der Sie eine Übersicht der erhältlichen Fördersoftware erhalten:

http://club.legasthenietrainer.com/wiki/index.php?n=Main.Computerspiele

- ***Halli Galli***
- ***Schau genau***
- ***Wo ist die Kokosnuss?***
- ***Memory*** (viele verschiedene Versionen sind im Handel erhältlich)
- ***Triomino*** (weitere Informationen darüber finden Sie unter www.LRS-Portal.net unter Downloads)
- ***Augen auf, kleine Maus***
- ***Was höre ich?***
- ***Scrabble***
- ***Sprich genau - Hör genau***
- ***Ratz Fatz***
- ***Planet der Sinne***
- ***Kasse Gasse***
- ***Buchstabensetzkästen***
- ***LÜK Kästen & Hefte***
- ***Lesepuzzles***
- ***Murmelmonster***
- ***Koffer packen***
- ***Gleich -Ungleich***
- ***Wörterzauber***

Und viele mehr.

Einfache Spiele, wie etwa Familienspiele, sind sehr sinnvoll, denn diese fördern das Kind – mit Spaß! An dieser Stelle empfehlen wir Ihnen, folgende Internetseite zu besuchen: http://club.legasthenietrainer.com/wiki/index.php?n=Main.Printspiele
Dort finden Sie eine Auflistung verschiedener Lernspiele und die Bereiche, die gefördert werden, sowie Links zu den Verlagen bzw. zu Bestellmöglichkeiten.

Tipp
Schauen Sie sich im Internet um, viele Spiele können Sie günstig und/oder gebraucht erwerben.

11.3 Spezielle Trainingsmaterialien

- **Easy Training Set**

Enthält ca. 200 Karten, Vorlagen und Anleitungen zum täglichen Legasthenietraining. Übungen für den Aufmerksamkeits- und

Funktionsbereich. Für Eltern und Lehrer, die aktiv zur Verbesserung der Schulleistung ihrer Kinder beitragen möchten. Tausendfach eingesetzt von diplomierten Legasthenie-trainern.

- **AOL Lernbox**

Einfacher Vokabeln lernen mit der Lernbox.

- **Holta di Polta**

Pädagogisch-therapeutisches Übungsmaterial zur Förderung der phonologischen Bewusstheit. Ein Übungs- und Arbeitsordner mit Kopiervor-lagen für Kinder mit auditiven Wahrnehmungs- und Verarbeitungsstörungen von der Vorschule bis Klasse 3. Aus dem Inhalt: Aufmerksamkeit und Speichern, Sätze, Wörter und Wortschatz, Reime und Sprachspiele, Silben erkennen, Lautdifferenzierung, Analyse und Synthese, 254 Kopiervorlagen, im Ordner.

- **Lonpos**

Lonpos ist ein innovatives dreidimensionales Puzzle, gepaart mit ständiger Herausforderung, Intelligenztraining und lang anhaltendem Spielspaß! Es besteht aus 12 Bausteinen unterschiedlicher Form und Farbe. Der Spieler startet mit einer vorgegeben Problemstellung aus wenigen Steinen. Das Ziel ist, jede vorge-gebene Problemstellung in einem Dreieck oder Rechteck (je nach Spielversion) aufzulösen oder eine dreidimensionale Pyramide mit dem Rest der verbliebenen Steine zu bauen.

- **LegaKids-Lesebox**

Lesen – Lernen – Spielen[8]
Mit der LegaKids-Lesebox möchten wir Kinder ermutigen, auf spielerischem Weg ihre Freude am Umgang mit Buchstaben, am Prozess des Lesens zu entdecken oder zu stärken.
Wie unsere Kinder ihr Leben bewältigen, hängt stark von ihren Fähigkeiten zu lesen und zu schreiben ab. Kommt es in diesen Bereichen zu Problemen, erleben die Kinder in der Schule

---

Quelle:
http://www2.legakids.net/fileadmin/user_upload/Lesebox/index.shtml#anchor-warum

Misserfolge, die nicht nur das Fach Deutsch, sondern letztlich alle Fächer betreffen.

Kein Wunder, dass dann die Angst der Kinder vor der Schule wächst, der sich kontinuierlich steigernde Notendruck die Kinder deprimiert und ihnen durch zusätzliche Hänseleien in der Schule die Lust am Lesen und Schreiben immer weiter vergeht.

Besonders traurig ist, wie hinter diesen Schwierigkeiten allzu oft die Fähigkeiten und Begabungen der Kinder verschwinden, die in Bereichen jenseits der Schriftsprache liegen. Die LegaKids-Lesebox möchte Eltern, Lehrer und Therapeuten darin unterstützen, diesem Teufelskreis vorzubeugen. Das spielerische gemeinsame Lernen und Lesen fördert nicht nur die Fähigkeiten des Kindes, es macht nebenbei auch noch allen Beteiligten Spaß.

Info

Alle Spiele und Programme finden Sie im Internet oder im Fachhandel.

Tipp

Im Internet finden Sie viele gute Arbeits-
materialien als Download – sogar kostenlos.
Schauen Sie unter Linktipps.

11.4 Materialien, die Sie nicht kaufen müssen

Es gibt einfache Materialien und Spiele, die Sie
nicht käuflich erwerben müssen, sondern
entweder selbst kennen oder mit Haushalts-
waren selbst herstellen können. Diese Art der
Materialien hat zudem den Vorteil, dass die
Familie zusammen agiert und dem Kind Freude
bereitet. Das Kind wird gefördert, ohne dass es
dies merkt.

Ganz einfach und kostengünstig sind zum
Beispiel:

- Zungenbrecher üben
- Geschichten vorlesen und lesen lassen
- Reimspiele
- Puzzle zusammensetzen

- Buchstabenspiele
- Fühlspiele

Und vieles mehr.

Solche Ideen können leicht variiert und ausgebaut werden. So kann beispielsweise eine vorgelesene Geschichte vom Kind nacherzählt werden oder das Kind denkt sich eine eigene Geschichte aus, notiert sie vielleicht sogar. Mit etwas Kreativität können altbekannte Spiele zu einer Förderung umgewandelt werden, die vom Kind nicht als solche angesehen wird und Spaß macht, indem sie die unterschiedlichsten Bereiche trainiert.

11.4.1 kostenlose Downloads

Viele Legasthenie-Verbände und tätige Trainer/ Therapeuten veröffentlichen im Internet kostenlose Materialien, die Sie sich nur herunterladen zu brauchen.

Nicht alles jedoch, was im Internet angeboten wird, ist sinnvoll bzw. für die Förderung geeignet.
Wir wollen Ihnen im Folgenden Beispiele von sinnvollen kostenlosen Downloads aufzeigen.

11.4.1.1 Kostenlose Arbeitsblätter

Arbeitsblätter, die man sich kostenlos herunterladen kann, sind eine sinnvolle Ergänzung in der häuslichen Förderung. Doch ist Obacht geboten – denn viele Arbeitsblätter entsprechen nicht den Lernmethoden von legasthenen Kindern.

Worauf sollte man bei kostenlosen Downloads von Arbeitsblättern achten?

- ✓ Die Arbeitsblätter sollten eine klare Aufgabenstellung haben – *Ihr Kind weiß sofort, was zu machen ist.*

- ✓ Die Arbeitsblätter sollten strukturiert und übersichtlich sein – *Ihr Kind findet sich schnell zurecht.*
- ✓ Die Arbeitsblätter sollten klar erkennen lassen, was trainiert wird (meist wird das in Kategorien eingeteilt auf den jeweiligen Internetseiten)[9] – *das müssen Sie entscheiden.*
- ✓ Sie als Elternteil sollten in der Lage sein, die Fragestellung ihrem Kind sofort zu erklären – *Ihr Kind fängt sofort an, nachdem Sie die Aufgabenstellung erklärt haben.*
- ✓ Die Arbeitsblätter sollten kindgerecht gestaltet sein – *Ihr Kind ist begeistert von der Aufmachung, von den Bildern o. Ä.*
- ✓ Die Arbeitsblätter sollten Ihr Kind sofort ansprechen – *Ihr Kind will sofort loslegen, da es so spannend ist.*
- ✓ Die Arbeitsblätter vermeiden das sogenannte Ranschburger Phänomen[10] –

Siehe Beispiel unter: http://www.arbeitsblaetter.org/ab.php

[10] Das **Ranschburg-Phänomen** ist eine Hemmung im Gedächtnis bei der Aufnahme von Lernmaterial und wurde 1905 von dem ungarischen experimentellen Psychologen und Psychiater Pál Ranschburg nachgewiesen. Sie ist auch unter dem Begriff **Ähnlichkeitshemmung** bekannt und beschreibt eine Gedächtnishemmung bei der Wiedergabe von ähnlichen Lerninhalten, die mit mangelhafter Differenzierung (gleichzeitig oder zeitnah) dargestellt wurden.

Ihr Kind muss nicht gleichzeitig ähnliche Lerninhalte bearbeiten.

Derzeit empfehlenswerte Downloads von Arbeitsblättern:

- Legasthenieverband: derzeit[11] 10012 kostenlose Arbeitsblätter
  http://www.arbeitsblaetter.org/ab.php

- Tintenklex: kostenlose Arbeitsblätter mit ständiger Änderung
  http://www.legasthenie-software.de/ausdruck/arbeitsblatt.htm

- Elternbroschüre: Konzentrationstraining von Schule sorglos
  http://www.schule-sorglos.de/downloads/broschuere_konzentration.pdf

- Die Kokosnussbande – eine Geschichte zur Leseförderung nach der AFS-Methode
  http://news.legasthenietrainer.com/

---

[11] Stand September 2009

- Wolli Molli und die Kokosani
  http://www.kokosani.com/

- Max und der fliegende Teddy – Ein LRS
  Trainingsprogramm für Grundschüler
- http://lrs-portal.net/

11.4.1.2 Kostenlose Spiele/Trainingsprogramme

Viele Anbieter von Legasthenie/LRS-Software bieten auch kostenlose Programme an, teils aber auch nur Demoversionen.

Beispiele:

- 314 Spiele für das Legasthenietraining
  http://www.arbeitsblaetter.org/page4.php

- Über 100 Lernspiele für junge legasthene Erwachsene zum Training folgender sieben Wahrnehmungsbereiche kostenfrei: auditives Unterscheiden, auditives Gedächtnis, auditives

Reihen,visuelles Unterscheiden, visuelles
Gedächtnis, visuelles Reihen und
Raumlage
http://www.edysgate.org/

- Demoversionen von therapeutischer
  Lernsoftware zum Üben von
  Rechtschreibung und Lesen bei
  Legasthenie, Dyskalkulie, Lern- und
  Leistungsstörungen
  http://www.legasthenie-software.de/

12. Legasthenieverbände, die Ihnen weiterhelfen können

Dachverband Legasthenie Deutschland e. V. (DVLD e. V.)

Der DVLD wurde am 23.11.2002 in Unterföhring bei München gegründet.

DVLD e. V.: „Wir sind ein gemeinnütziger Verband, der für alle wissenschaftlich anerkannten Methoden zur Förderung von Betroffenen offen ist. Zu unseren Mitgliedern gehören diplomierte Legasthenietrainer/-innen, die bundesweit arbeiten.

Ziele des Dachverbandes sind neben der bundesweiten Aufklärung über Legasthenie,

Dyskalkulie, Aufmerksamkeitsstörungen (ADS) und Hochbegabung auch die Vernetzung mit anderen Berufsgruppen, die medizinisch oder auch psychologisch arbeiten, um dadurch Betroffenen die größtmögliche Hilfestellung zu geben.

Dazu werden wir Betroffene in ihren rechtlichen und gesellschaftlichen Belangen unterstützen, sie beraten und konkrete Hilfestellung anbieten.

Im Mittelpunkt unserer Arbeit steht das Wohl des legasthenen Kindes/Menschen. Wir arbeiten also nicht nur mit Kindern. Jedem steht die Möglichkeit offen, sich an uns zu wenden.

Moderne Testverfahren ermöglichen es uns, Teilleistungsstörungen zu erkennen und gezielt zu trainieren.
Alle unsere Legasthenietrainer/-innen nehmen an regelmäßig stattfindenden Weiterbildungen und Fachtagungen teil."

Internet: www.dvld.de

Erster Österreichischer Dachverband Legasthenie (EÖDL)

Der EÖDL ist Österreichs größte Legasthenie-institution. Unabhängig und gemeinnützig bietet er Hilfe in ganz Österreich und vertreibt viele (auch kostenlose Informationen) im Internet.

Internet: http://www.legasthenieverband.com/

LegaKids.net

LegaKids – das Internetprojekt für Kinder, Eltern, Lehrer und Therapeuten.

Internet: www.legakids.net

Bundesverband Legasthenie und Dyskalkulie e. V.

Der Bundesverband Legasthenie und Dyskalkulie e. V. (BVL) vertritt die Interessen von Menschen mit Lese-Rechtschreibschwächen und Rechenschwächen, insbesondere aber mit Lese-Rechtschreibstörungen (Legasthenie) sowie mit Rechenstörungen (Dyskalkulie). In seiner Arbeit als Selbsthilfeverband Betroffener und ihrer Eltern wird der BVL von Pädagogen, Ärzten, Psychologen und Wissenschaftlern verschiedener Fachbereiche unterstützt.

Internet: http://www.bvl-legasthenie.de/

Verband Sonderpädagogik e. V.

Der Verband Sonderpädagogik e. V. besteht
seit 1898 und hat mehr als 12.000 Mitglieder.
Die Arbeit des Verbandes beinhaltet alle
Aspekte der pädagogischen Förderung
behinderter und von Behinderung bedrohter
Menschen.

Internet: www.verband-sonderpaedagogik.de

12.1 Ansprechpartner der Bundesländer

13. Hilfreiche Internetseiten

Im Internet gibt es viele weiterführende
Informationen, kostenlose Arbeitsblätter,
Downloads und vieles mehr – hier finden Sie
eine Liste von empfehlenswerten
Internetseiten. Reinschauen lohnt sich:

- Dachverband Legasthenie Deutschland
  e. V. www.dvld.de
- LegaKids – für Eltern, Lehrer & Kinder
  www.legakids.de
- Informationen und Tipps zu
  Lernproblemen www.lernfoerderung.de
- Legasthenieforum
  www.legasthenie-forum.de
- Kostenlose Arbeitsblätter und Spiele
  www.arbeitsblaetter.org
- Legasthenie-Portal
  www.LRS-Portal.net
- Vortrag „Legasthenie/LRS/Dyskalkulie"
  www.Vortrag.org
- 30 Fragen zum Thema
  Legasthenie/LRS/Dyskalkulie
  www.30Fragen.com
- Spiele für das Training
  http://Spiele.Legasthenietrainer.com
- e-learning dyslexia course
  www.legasthen.com
- QuickReferenceMap
  www.Legasthenie-LRS-Dyskalkulie.com

Boyles, N. S./Contadino M. Ed. D./M. S. W.:
The learning differences sourcebook. *Lowell House, Los Angeles 1998.*

Dürre, Rainer: **Legasthenie – das Trainingsprogramm für ihr Kind.** *Verlag Herder, Freiburg im Breisgau 2000.*

Fischer, Burkhart: **Blickpunkte: Neurobiologische Prinzipien des Sehens und der Blicksteuerung.** *Hans-Huber-Verlag, Bern 1999.*

Fischer, Burkhart: **Hören – Sehen – Blicken – Zählen: Teilleistungen und ihre Störungen.** *Hans-Huber-Verlag, Bern 2003/2007.*

Fischer, Burkhart: **Looking for Learning: Auditory, Visual and Optomotor Processing of Children with Learning Problems.** *Nova Science Publishers, New York 2007.*

Klasen, Dr. Edith, Dipl.-Psych.: **Legasthenie – umschriebene Lese-Rechtschreib-Störung.** *Chapman & Hall GmbH, 1995.*

Klicpera/Gasteiger-Klicpera: **Psychologie der Lese- und Schreibschwierigkeiten.** *Verlag Beltz.*

Kopp-Duller, Astrid: **Legasthenie und LRS. Der praktische Ratgeber für Eltern.** *Herder Verlag.*

Kopp-Duller, Astrid/Pailer-Duller, Livia R.: **Legasthenie – Dyskalkulie !?: Die Bedeutsamkeit der pädagogisch-didaktischen Hilfe bei Legasthenie, Dyskalkulie und anderen Schwierigkeiten beim Schreiben, Lesen und Rechnen.** *KLL Verlag.*

Möckel, Andreas: **Lese-Schreibschwäche als didaktisches Problem.** *Klinkhardt, Bad Heilbrunn 1997.*

Schulte-Körne: **Elternratgeber Legasthenie.** *Verlag Knaur.*

Soremba, Edith-Maria: **Legasthenie muss kein Schicksal sein.** *Herder Verlag, 1995.*

Suchodoletz: **Therapie der Lese-Rechtschreibstörung. Traditionelle und**

alternative Behandlungsmethoden im Überblick. *Verlag Kohlhammer.*

Thomé: **Lese-Rechtschreibschwierigkeiten (LRS) und Legasthenie. Eine grundlegende Einführung.** *Verlag Beltz.*

15. „Und wie motiviere ich mich?"

Es ist nicht immer einfach, legasthenen Kindern eine gute Förderung zu gewähren. Viele Wege sind zu beschreiten – manchmal führt der Weg zum Ziel auch über Umwege und in Sackgassen. Eltern und Kinder stehen unter Druck. Das Kind fühlt sich „dumm" und die Eltern fühlen sich hilflos.

Hier ist es wichtig, dass Sie sich vor Augen führen, dass Ihr Kind nicht dumm oder schlecht ist, sondern eher eine andere Art besitzt, zu lesen und zu schreiben. Bei einer guten Förderung sind durchschnittlich bis überdurchschnittliche schulische Leistungen möglich. Vermitteln Sie das auch Ihrem Kind.

16. „Aha, diese Personen waren oder sind auch legasthen und hatten Erfolg!"[12]

Legasthene Menschen gibt es viele – sogar sehr erfolgreiche, wie zum Beispiel:

- Hans Christian Andersen (dänischer Dichter)
- Hugues Aufray (französischer Sänger)
- Jan de Bouvrie (Möbel-Designer)
- George W. Bush (ehemaliger Präsident der Vereinigten Staaten von Amerika)
- Agatha Christie (britische Schriftstellerin)
- Tom Cruise (amerikanischer Schauspieler)
- Walt Disney (Erfinder der Micky Maus)
- Albert Einstein (Wissenschaftler, Erfinder der Relativitätstheorie)
- Thomas Edison (Erfinder der Glühlampe)
- Jürgen Fliege (evangelischer Pfarrer, Autor, TV- und Radiomoderator)
- Whoopi Goldberg (Schauspielerin)
- Bill Hewlett (Mitgründer von Hewlett-Packard)
- Tommy Hilfiger (Modedesigner)

---

[12] Quelle: www.wikipedia.de

- John Irving (US-amerikanischer Romanautor)
- Ingvar Kamprad (Ikea-Gründer)
- Nigel Kennedy (Violinen-Virtuose)
- Dominic O'Brien (Autor, Unternehmenstrainer, Gedächtniskünstler)
- George S. Patton (US-General im 2. Weltkrieg)
- Sir Steven Redgrave (Olympia-Ruderer)
- Auguste Rodin (französischer Bildhauer)
- Lord Richard Rogers (Architekt, Centre Georges Pompidou, Europäischer Gerichtshof für Menschenrechte in Straßburg)
- Carl XVI. Gustaf (König von Schweden)
- Jackie Stewart (Formel-1-Rennfahrer)
- Leonardo da Vinci (Maler, Bildhauer, Architekt, Ingenieur und vieles mehr)
- Benjamin Zephaniah (Dichter, Musiker, Schriftsteller)
- Keira Knightley (Schauspielerin)
- Cherno Jobatey (deutscher Fernsehmoderator)

Diese Liste ist nur eine kleine Auflistung und auf keinen Fall als vollständig zu sehen.

Anhand dieser Auflistung ist ersichtlich, dass auch legasthene Menschen durchschnittlich bis überdurchschnittlich begabt sind. Viele legasthene Menschen haben sich Strategien erarbeitet, mit denen sie jeweilige Schwächen kompensieren.

17. Schlusswort

Betroffene Kinder stehen unter ständigem Druck, sie leiden an Versagensängsten, können nicht die allgemeinen schulischen Leistungen erbringen und fühlen sich dumm. Es ist aber möglich, diese Kinder sinnvoll zu unterstützen und zu fördern, sodass diese normal bis überdurchschnittlich begabten Kinder gute bis sehr gute schulische Leistungen erbringen. Nur um dies zu erreichen, erfordert es meist einen steinigen Weg zu bewältigen. Eltern müssen sich oftmals noch „mit Ellenbogen" durchsetzen, weil keine einheitlichen rechtlichen Regelungen vorherrschen und Förderangebote oftmals undurchschaubar sind. Sie als Elternteil sollten sich aber für Ihr Kind einsetzen, denn es lohnt sich.

Wir würden uns freuen, wenn Sie uns auch im Internet unter www.Sozialtrainer.de besuchen, dort erhalten Sie viele weitere Informationen und kostenfreie Downloads.

18. Anhang

In diesem Kapitel finden Sie Listen, die Ihnen helfen, mit der gesamten Problematik Legasthenie umzugehen oder Ihnen helfen, sich auf Termine vorzubereiten.

Kopieren Sie sich die Vorlagen aus diesem Ratgeber heraus, so können Sie die Vorlagen immer wieder verwenden.

Wir wünschen Ihnen und Ihrem Kind viel Erfolg!

Printed by Books on Demand GmbH, Norderstedt / Germany